EL PODER

SANADORAS SISTÉMICAS

Una mirada desde las Constelaciones Familiares

Karla Chaves Mejía - James Evans Paniagua
Mariangel Guardiola Chaves

158.24
C512e

Chaves Mejía, Karla, 1973-

El poder de las frases sanadoras sistemáticas: una mirada desde constelaciones familiares / Karla Chaves Mejía, James Evans Paniagua, Mariangel Guardiola Chaves; diseño de Jessica Schmidt. - Costa Rica : Instituto de Desarrollo Integral, Creciendo en Grande, 2024.

81 páginas.

ISBN: 978-9968-03-814-0

1. AUTOREALIZACION (PSICOLOGIA)
2. PSICOTERAPIA FAMILIAR 3. MENTE Y CUERPO
4. SALUD MENTAL 5. RELACIONES HUMANAS

I. Evans Paniagua, James. II. Guardiola Chaves, Mariangel.
III. Schmidt, Jessica

info@karlachavesmejia.com

Primera Edición Julio 2024

Diseño: Jessica Schmidt

ISBN: 978-9968-03-814-0

IDI
INSTITUTO DE DESARROLLO INTEGRAL
CRECIENDO EN GRANDE

INDICE

DEDICATORIA

Honramos a todas las personas que han desarrollado procesos con nosotros, a sus sistemas familiares y a ti, querido lector.

Ustedes nos inspiran y nos permiten cumplir con nuestro propósito.

PRÓLOGO

Vocación, servicio y propósito son palabras que definen el espíritu de "El Poder de las Frases Sanadoras Sistémicas", una obra desarrollada para impactar positivamente los corazones de sus lectores y apoyar su incesante búsqueda de sanación y transformación personal.

Basado en la filosofía de Bert Hellinger, creador de las Constelaciones Familiares, este libro pretende servir de guía para los miles de facilitadores formados en nuestro Instituto de Desarrollo Integral (IDI) Creciendo en Grande, así como para quienes se encuentran transitando en este camino del autodescubrimiento y el deseo de llegar a ser la mejor de versión de si mismos.

"El Poder de las Frases Sanadoras Sistémicas" es un proyecto de familia. Un núcleo familiar reunido precisamente en torno a la experiencia de sanación que ofrece las Constelaciones Familiares, mismo que nos condujo a formarnos y certificarnos en esta técnica con el Maestro Hellinger.

Mi esposo, mi hija y yo, hemos avanzando en esta senda, primero individualmente, luego acompañándonos entre nosotros y finalmente poniendo al servicio de los demás nuestro conocimiento y experiencia. Eso nos ha dado un sentido de vida y ha sido la inspiración para crear este libro.

En un momento dado de nuestro quehacer hicimos un alto en el camino y nos percatamos de que no existía un documento, una lectura o publicación que mostrara estos conceptos tan poderosos, de ahí que nos dimos a la tarea de desarrollarlo nosotros mismos y ofrecerlo al mundo.

Es así que ahora con humildad y gran satisfacción presentamos esta obra, cuyo objetivo es mostrar como usar frases sanadoras sistémicas en movimientos de Constelaciones Familiares.

Han sido muchos meses de arduo trabajo compilando tantas oraciones, comandos, afirmaciones, instrucciones y testimonios surgidos de miles de experiencias y procesos vivenciales de los cuales hemos sido parte.

Esta publicación refleja también nuestro aprendizaje y trayectoria de muchísimos años en el campo de la investigación, análisis en el campo del crecimiento personal, mismos que nos han permitido apoyar a miles de personas a través de cursos, certificaciones, sesiones de coaching y de Constelaciones Familiares, entre otros.

"El Poder de las Frases Sanadoras Sistémicas" es una obra humana enfocada en llevar un mensaje, humano también, de esperanza, alegría, sanación y transformación personal a todos ustedes.

Es también un recordatorio del gran poder que tiene la palabra, entendiéndola como una herramienta que posibilita edificarnos, máxime si la acompañamos de una positiva intención y una maravillosa emoción.

De todo corazón esperamos lo disfruten mucho y le saquen el mayor provecho.

Con cariño
Karla, James y Mariangel

LOS ÓRDENES DEL AMOR

Este libro se basa en los 3 órdenes del amor escritos por Bert Hellinger

Pertenencia:

El principio de pertenencia sostiene que cada miembro de la familia tiene el derecho de pertenecer al sistema. Nadie debe ser excluido, ignorado o rechazado, independientemente de sus acciones o comportamientos.

La exclusión de un miembro puede generar problemas en futuras generaciones, ya que otros pueden inconscientemente intentar "compensar" la exclusión mediante su comportamiento o destino.

Jerarquía:

El principio del orden se refiere a la jerarquía y el respeto por el lugar que ocupa cada miembro dentro del sistema familiar. Este orden se basa en el tiempo de llegada al sistema y el rol que desempeña cada individuo.

Cuando se respeta este orden, se promueve la armonía y el equilibrio en las relaciones familiares. La falta de orden puede manifestarse en conflictos y desajustes en la dinámica familiar.

El equilibrio:

El equilibrio entre el dar y recibir es esencial para mantener relaciones saludables. En el contexto de las constelaciones familiares, este principio se refiere a la reciprocidad en las relaciones familiares. Las relaciones equilibradas se caracterizan por un intercambio justo y equitativo de apoyo, amor y responsabilidades. Cuando hay un desequilibrio (por ejemplo, uno da mucho y el otro recibe poco), pueden surgir resentimientos y conflictos.

"El comienzo de la felicidad es poder ver a nuestra madre con su humanidad, y aceptarla tal como es"

Bert Hellinger

EN RELACIÓN CON LOS PADRES

Tomar la vida

Querido papá/mamá
"Tomo de ustedes la vida completa, con todo lo que incluye. En su honor la aprovecharé lo mejor posible, la cuidaré, la honraré, y si me es permitido la transmitiré, así como ustedes lo hicieron conmigo".

Tomar a los padres

Queridos Papás:
"Los tomo como mis padres con todo lo mejor de cada uno. Ustedes son los correctos para mi y yo soy el hijo correcto para ustedes. Ustedes dan y yo tomo queridos Padres".

"El que está en conexión con su madre brilla, tiene una expresión de alegría y es amado por otros, eso se nota fácilmente; o cuando uno viene y dice que no está feliz, entonces yo pregunto por su madre, por su relación con su madre."

Bert Hellinger

Reconocimiento a los padres

Queridos Papás:
"Estoy feliz de que se hayan elegido como mis padres. Como son, ustedes son las personas correctas para mí, sólo ustedes".

Permiso para tomar al padre

Querido(a) hijo(a)
"Tienes mi permiso para ir con tu padre y tomarlo con amor tal y como él es. Yo lo tomo en mi corazón con agradecimientos. Ahora te toca a ti"

Permiso para tomar al padre (otra versión)

Querido(a) hijo(a)
"Este es tu padre, yo lo escogí con amor para que fuera tu padre. Ámalo tal y como él es y llévalo en tu corazón con amor. En ti veo a tu padre".

"Honra a tus padres, no por lo que hicieron, sino por lo que te dieron: la vida."

Bert Hellinger

EN RELACION CON LA PAREJA

Reconocimiento hacia la pareja

Al Padre o Madre de los hijos:
"En nuestros hijos te sigo amando y en ellos seguiremos unidos para siempre. Cuando miro a nuestros hijos, te veo a ti con respeto y agradecimiento".

Reconocimiento a la pareja (otra versión)

"Te quiero tal como eres. El hecho de que existas me alegra mucho. Ahora sé que tienes un lugar en mi alma. Te reconozco, te tomo, y elijo compartir mi vida contigo".

Aceptación de la pareja

"Me acepto tal como soy y te acepto tal como eres, con todo lo doloroso secreto, difícil, y lo que hizo daño de mi historia y de tu historia porque reconozco que fue necesario para llegar a donde estamos y convertirnos en pareja".

A una pareja anterior

"Tú estuviste antes que yo. Te reconozco a ti como anterior a mi y te agradezco el espacio que hiciste para que yo llegara. Por favor se amable si conservo conmigo a quien fue tuyo(a)".

A una pareja anterior (otra versión)

"Reconozco que estuviste antes que yo. Gracias por haber hecho espacio para mi y para poder tener la familia que hoy tengo. Por favor míranos con buenos ojos".

A la primera pareja

"Tú fuiste primero(a) y como saliste de su corazón, yo entré. Yo soy el(la) segundo (a). Míranos con buenos ojos al formar una nueva pareja y una nueva familia. Tu sigues siendo el(la) padre(madre) de los hijos que procrearon y yo sólo apoyo cuando me lo pidan".

Equilibrio entre el tomar y el dar en pareja

"Yo sólo te doy lo que tengo para darte y lo que tú quieras y desees recibir".

Reconocimiento mutuo

"Yo soy igual a ti, no soy ni mejor ni peor que tú. Ambos estamos en el camino".

Estar por elección

"Me quedo porque es mi elección, con la certeza de poderme ir cuando quiera. Espero que te quedes porque es tu elección y quiero que sepas que te puedes ir cuando quieras".

Elijo irme

"Ahora te conozco mejor y al darme cuenta de quién eres elijo irme y dejarte en libertad".

Elijo seguir contigo

"Ahora veo mejor quién eres, a pesar de ello con amor elijo seguir contigo para continuar un camino en la misma dirección y asumo los resultados".

El compromiso en la pareja

"Ahora nuestro amor, nuestro vínculo y lo que hemos creado en común, tiene más fuerza y más peso que nuestras parejas anteriores y que nuestra familia de origen".

Pareja que sigue al otro a su país

"Te sigo a tu país, tu cultura y tu idioma. Te pido que me apoyes y me protejas cuando me sienta vulnerable. Reconozco a tu país y también reconozco al mío, su cultura, sus tradiciones y sus costumbres. Todo esto lo llevo conmigo a tu tierra".

Hijos de una pareja anterior

"Tus hijos son primero, tú te ocupas de ellos. Sus dificultades las resuelven ustedes que son los responsables, como sus padres".

El destino con la pareja

"Amo el destino que en ti se me presenta. Me permite ver muchas cosas que antes no tenía presente, me enriquece y conmueve".

Implicación con la familia de origen

Aunque tú no pudiste ser feliz al lado de tu pareja, mírame con buenos ojos si yo elijo ser feliz junto a la mía".

La bendición de los padres a la pareja

"Queridos papá y mamá: Esta es mi pareja a quien amo y con quien soy feliz. A ustedes también los amo, por favor, mírennos con buenos ojos y dennos su bendición".

El tercero en la relación

"Ahora me doy cuenta de que hay un tercero entre nosotros, lo respeto y reconozco que no hay nada que yo pueda hacer. Te dejo con tu decisión para que lo asumas".

La culpa en la pareja

"Honro tu destino, lo dejo contigo y me retiro de él para poderme hacer cargo del mío".

La culpa en la pareja (Otra versión)

"Esta es mi culpa, este es mi destino. Te dejo en libertad para que continúes con el tuyo"

Cuando no se puede tener hijos

"No puedo darte los hijos que anhelas, yo me hago cargo de mi destino y te dejo en libertad con el tuyo. Te amo tanto y te dejo en libertad para que tengas hijos en otra relación".

A la pareja cuando no puede tener hijos

"Es un regalo muy grande el que me das al quedarte conmigo, aunque yo no pueda tener hijos. Lo reconozco y valoro profundamente. Puedes contar conmigo de una manera especial".

Respuesta a la pareja que no puede tener hijos

"Tu amor y reconocimiento son suficientes para mí y los tomo como un regalo muy especial".

Destino de ancestros

"Ahora las veo. Veo su sufrimiento, su dolor y sacrificio. Veo su historia que es también la mía. Honro su destino, lo dejo con ustedes y ahora me cargo del mío. Ahora si puedo ver a mi pareja y puedo confiar".

Enfermedad de uno de la pareja

"Te acompaño en tu destino, Que es también el mío, hasta donde mis fuerzas me lo permitan Y asumo el resultado de mi decisión".

Cierre sano a una relación de pareja

"Lo que no ha funcionado entre nosotros yo tomo mi parte de responsabilidad, y dejo en ti tu parte de responsabilidad."

"Muchas gracias por todo lo que he aprendido y crecido a tu lado en el tiempo que hemos compartido juntos."

"Te otorgo un lugar especial en mi corazón pero no como mi pareja ni tampoco como el de "mi gran amor"

"Te deseo que seas todo lo feliz que esté en tus manos serlo."

"Y me despido te ti como pareja para que ambos tengamos la posibilidad de crear un nuevo amor con otra persona cuando sea nuestro momento."

Para colocarme en el lugar que me corresponde con mi pareja:

"Yo soy tu pareja, no tu padre/madre".

"Yo soy tu pareja, no tu hijo/a."

"A partir de ahora si me pides más de lo que me corresponde darte como pareja te pondré límites desde el amor."

"A partir de ahora si me das más de lo que me corresponde recibir como pareja te pondré límites desde el amor."

"Puedo ser feliz contigo y sin ti, y escojo serlo a tu lado."

"Yo no te necesito y tu no me necesitas, y elijo compartir mi vida contigo."

Para superar un amor no correspondido:

Respeto que no sientas por mí lo mismo que yo siento por ti, porque no soy el dueño de tu corazón.

Mi amor no me da derecho a ser correspondido ni a ti te obliga a corresponderme.

Las señales que me diste o que yo imaginé sobre que lo nuestro podría ser no representan ninguna traición, ya que todo el mundo tiene la libertad de cambiar de opinión.

Gracias al dolor que me ha generado esta experiencia tengo la oportunidad de desligar mi amor propio del amor que sientan o no sientan los demás por mí.

Me permito aprender con tu negativa el valor que representa soltar y dejar caer lo que no es para mí.

Me permito seguir adelante con mi vida agradeciéndome lo que fui capaz de amarte, y lo que ahora soy capaz de amarme a mí mismo a pesar de que no siempre logre cumplir mis expectativas.

Mi corazón queda libre para volverme a enamorar pero con una mayor madurez, porque ahora tengo más recursos para darle más valor a lo real que a lo esperado o fantaseado.

Te deseo que seas muy feliz, que encuentres a alguien especial para ti, y me deseo a mí lo mismo.

Quedo en paz contigo y te llevaré siempre en mi corazón como un maestro que me facilitó crecer y evolucionar en la práctica del desapego.

Para superar un amor no correspondido:

Respeto que no sientas por mí lo mismo que yo siento por ti, porque no soy el dueño de tu corazón.

Mi amor no me da derecho a ser corresponddo ni a ti te obliga a corresponderme.

Las señales que me diste o que yo imaginé sobre que lo nuestro podría ser no representan ninguna traición, ya que todo el mundo tiene la libertad de cambiar de opinión.

Gracias al dolor que me ha generado esta experiencia tengo la oportunidad de desligar mi amor propio del amor que sientan o no sientan los demás por mí.

Me permito aprender con tu negativa el valor que representa soltar y dejar caer lo que no es para mí.

Me permito seguir adelante con mi vida agradeciéndome lo que fui capaz de amarte, y lo que ahora soy capaz de amarme a mí mismo a pesar de que no siempre logre cumplir mis expectativas.

Mi corazón queda libre para volverme a enamorar pero con una mayor madurez, porque ahora tengo más recursos para darle más valor a lo real que a lo esperado o fantaseado.

Te deseo que seas muy feliz, que encuentres a alguien especial para ti, y me deseo a mí lo mismo.

Quedo en paz contigo y te llevaré siempre en mi corazón como un maestro que me facilitó crecer y evolucionar en la práctica del desapego.

"Cada cual tiene su destino, y ese destino le pertenece."

Bert Hellinger

LOS PADRES EN RELACION CON LOS HIJOS

Cuando los padres involucran a los hijos en sus dificultades

Papá/mamá:
"Las dificultades entre ustedes son entre ustedes, y con ustedes las dejo para que las resuelvan. Yo sólo soy su hijo, el pequeño. La de ustedes es una relación de pareja y de adultos; que a mí me no me corresponde".

Cuando uno de los padres se refiere al hijo de manera despectiva respecto al otro

Papá o mamá:
"Por favor ten en cuenta que estás hablando de mi papá/mamá, y lo que tú dices me duele y me confunde. Yo los amo y los necesito a los dos".

"La vida es más grande que nosotros, y somos parte de ella."

Bert Hellinger

Cuando los padres quieren que el hijo tome partido a su favor

Papá/mamá:
"No puedo escoger entre los dos, los amo y los necesito a ambos como mis padres para que me aconsejen y orienten, para tener en quien apoyarme y aprender, para ganar fuerzas y crecer. Yo aprendo de ustedes que son mis padres, los grandes".

Cuando los padres hacen confidencias a sus hijos

Papá/mamá:
"Mírenme como a su hijo, el pequeño, frente a ustedes. A mí no me corresponde opinar ni aconsejar; y si lo hago, entro en conflicto, me causa culpa y me causa dolor".

Cuando los padres sobreprotegen a los hijos

Mamá/papá
"Te amo, te respeto y te agradezco todo lo que me has dado y lo que has hecho por mí. Mamá/papá yo ya crecí, tengo XXX años, soy una persona adulta. Te pido por favor que me sueltes y me permitas sacar mi vida adelante. Sé cuántome amas y por ese amor, te pido me permitas hacerlo por mí mismo para aprender; así me equivoque".

De los padres al hijo que los reprocha

Querido(a) hijo(a):
"Hice lo mejor que pude; no lo pude hacer diferente. Esta es la madre o padre que tú tienes, y con eso tienes que vivir".

"La criatura puede imaginar a sus padres aunque no los conozca. Sólo necesita hacer contacto con su interior y ya sabe todo respecto a ellos, porque en ella están presentes. Lo están en forma física porque siguen viviendo en esta criatura. Pero también lo están en el alma del hijo."

Bert Hellinger

LOS HIJOS EN RELACION CON LOS PADRES

Cuando repetimos los eventos que viven nuestros padres

Papá/mamá
Yo los amo a los dos, los llevo en mi corazón con honra y gratitud. Por favor, denme su bendición y su permiso para hacerlo diferentes a ustedes".

Cuando repetimos experiencias de nuestros padres (otra versión)

Querido(a) papá/mamá
"Lo he hecho por amor a ti, 29 ahora veo que es tuyo y que no me corresponde; respeto a lo que a ti te toca y lo dejo contigo".

Cuando los hijos se independizan

Papá/mamá
"Gracias por la vida que me dieron, por ser mis padres, por traerme al mundo y darme permiso de vivir. Los honro y valoro; lo que han hecho por mí es más que suficiente. Ahora es mi turno y yo me hago cargo de mi propia vida".

Cuando los hijos se independizan (otra versión)

Queridos papá y mamá
"Mírenme con amor y denme su bendición porque yo me quiero hacer cargo de mí mismo. Quiero ser feliz, tener una vida armónica y estable, con éxito, prosperidad y abundancia. Con su fuerza y con su amor papá, 30 con su fuerza y amor mamá: yo puedo".

Como hijos, soltar el dolor de los padres

Papá/mamá
"Ahora yo veo su dolor y sé que es el mismo que yo siento. Ahora que comprendo que mi dolor lo tomé y lo aprendí de ustedes, con ustedes lo dejo. Me doy cuenta de que, desde mi lugar de hijo, soy pequeño y no puedo hacer nada para evitárselo".

Indisposición de los hijos con sus padres

Papá/mamá
"Ahora sé que hicieron por mí lo mejor que pudieron con lo que sabían y con lo que tenían en su corazón. Ahora que lo sé, los puedo ver con honra, respeto y amor. Ahora puedo tomar para mí y para mi vida lo mejor de ustedes. Gracias, papá. Gracias, mamá, Los amo y los llevo en mi corazón".

Cuando hay relación difícil con los padres

Papá/mamá
"Sea lo que fuera que haya sucedido, lleves lo que debas llevar; con honra y respeto, lo dejo contigo pues con ello nada tengo que ver. De todas maneras, eres y sigues siendo mi querido(a) papá/mamá".

Del hijo a su padre

Querido papá
"A tu lado y al lado de los hombres de la familia, me hago hombre como tú y como ellos, independientemente de lo que hayan sido o hayan vivido. Mamá, mi padre es el mejor para ti, yo sólo soy tu hijo".

Una hija a su madre.

Querida mamá
"A tu lado y al lado de las mujeres de la familia me hago mujer como tú y como ellas, independientemente de lo que hayan sido o hayan vivido. Papá, mi madre es la mejor para ti, yo sólo soy tu hija".

Cuando los padres son mayores o están enfermos.

"Cuando me necesites estaré contigo a tu disposición Y haré lo mejor posible de una manera justa".

Dejar de ocupar el lugar de pareja para mi padre/madre

"Papá, mamá es mucho mejor para ti que yo porque ella es la grande".

"Mamá, papá es mucho mejor para ti que yo porque él es el grande".

"Yo soy tu hijo/a, sólo tu hijo/a".

"El cariño que te falta de de tu pareja, o por el hecho de no tener pareja, yo no puedo dártelo sin hacerme daño con ello".

"Soy demasiado pequeño/a para ti, además deseo vivir mi propia vida y construir mi propio vínculo de pareja".

Para dejar de sentir rencor con el padre o la madre:

Mamá/Papá, estoy cansado de vivir enfadado/o y resentido/a contigo, ya no deseo más seguir alimentando estos sentimientos, ya no tienen ningún sentido para mí.

•

Tomo la vida que me has dado con el precio y el dolor que me ha supuesto, y este precio decido pagarlo desde el amor.

•

En tu rol de padre/madre lo hiciste conmigo lo mejor que pudiste y supiste con los recursos y la consciencia que disponías.

•

Y lo que me pudiste dar que me resultó positivo lo tomo como suficiente para posicionarme ante ti como el adulto/a que soy, y no más como un/a niño/a que sigue herido/a.

•

Renuncio a la fantasía de que tengo derecho a reclamarte más, porque mis heridas sólo son mías, y nadie tiene que darme nada por ello.

•

Tu eres el padre/ la madre que la vida escogió para mí, por lo que eres el mejor/ la mejor padre/madre que podría tener.

Esta es la forma en que decido llevarte en mi corazón, y éste es el modo en el que a partir de ahora me permito tomar tu fuerza para dirigir mi vida.

Para dejar de sentir una pena profunda por el padre/ madre:

Papá/mamá, respeto y dignifico tu destino tal como lo has vivido con todo el dolor que te ha supuesto.

Mi pena y mi lástima no te aportan nada, y a mí me genera mucho dolor cargar con estos sentimientos.

Como yo soy el pequeño/a y tu el/la grande, no tiene sentido que cargue con tu dolor sobre mis hombros, así que con muchísimo amor y cariño lo dejo contigo.

A partir de ahora te dedicaré únicamente mis alegrías y mis éxitos, y dejaré de utilizar el sufrimiento para seguir conectándome amorosamente contigo.

CON RELACION A LA ADOPCIÓN

De un hijo adoptado a sus padres biológicos

"Gracias por darme la vida, aunque no los conozco los llevo en mi corazón. Lo que ustedes hicieron lo dejo con ustedes; yo sólo me quedo con el amor que se tuvieron cuando me concibieron. Con la fuerza de vida cuando me engendraron y con lo mejor de ustedes".

De un hijo adoptado a sus padres de corazón

"Papá y mamá adoptivos, gracias por cuidarme, por procurarme una familia y por todo lo que han hecho por mí. 34 Siempre les estaré agradecido con amor. Por mi parte me propongo hacer lo mejor que pueda con todo lo que me han dado. Permítanme amar a quienes me dieron la vida, Sin ellos yo no estaría con ustedes".

De un hijo adoptado a sus padres de corazón (otra versión)

"Lo que ustedes están haciendo por mi es como un regalo, no un derecho. Lo que han hecho por mí es algo que no tenían obligación de hacer y yo honro esto".

De los padres de corazón a los padres biológicos

"Gracias por permitirnos tener a su hijo en nuestras vidas. Ustedes hicieron espacio para nosotros. En honor a ello lo cuidaremos y lo amaremos de la mejor manera. Lo tomaremos en nuestro corazón al precio que a ustedes les costó y al precio que a nosotros nos cuesta".

"La criatura puede imaginar a sus padres aunque no los conozca. Sólo necesita hacer contacto con su interior y ya sabe todo respecto a ellos, porque en ella están presentes.
Lo están en forma física porque siguen viviendo en est criatura.
Pero también lo están en el alma del hijo.

Bert Hellinger

EN RELACION CON EL FALLECIMIENTO

Fallecimiento de un hijo

En caso de aborto

"Hijo, lo siento, no te pude tener, yo era muy joven y tuve miedo, culpa, vergüenza o rabia. Lo siento mucho, hoy te reconozco y te doy tu lugar. Tú eres el primero (o segundo, o tercero) de mis hijos y te tengo en mi corazón".

A un hijo que nace sin vida

Querido Hijo (a)
"Te tomo como mi hijo y te llevo en mi corazón.Como tu padre / madre que soy me duele mucho lo sucedido. En mi vida tienes el lugar que te corresponde".

A un hijo que nacido sin vida (otra versión)

"Eres nuestro hijo. Nosotros te deseamos, te quisimos y ahora te despedimos para que sigas tu camino. Te levamos en un lugar muy especial de nuestro corazón con amor".

Fallecimiento de uno de los padres

A un ser querido que ha fallecido

"Aunque te extraño mucho y me gustaría que estuvieras conmigo, yo elijo vivir. Me quedo en la vida por más tiempo, por el tiempo que me sea permitido. Tú estás entre los fallecidos; sólo te fuiste antes que yo; yo iré después".

Fallecimiento de uno de los padres

Querido(a) papá/mamá:
"Tomo la vida a pesar de tu dolor y del mío. Y para que tu fallecimiento no haya sido en vano, Yo te honro haciendo algo importante y valioso con mi vida".

Fallecimiento de uno de los padres (otra versión)

Querido(a) papá/mamá
"Aunque haya sido difícil para mí, aunque me haya dolido mucho, ahora asiento a lo que fue tal como fue y respeto tu vida y tu fallecimiento".

Fallecimiento de uno de los padres (reconociendo la vida)

Querido(a) papá/mamá:
"Respeto tu vida y también respeto tu fallecimiento, me has dado lo más importante que es la vida y ahora yo me apropio de ella. Aunque me haces falta, me quedo el tiempo que me sea dado y en honor a ti, me cuido".

Fallecimiento de uno de los padres (te extraño mucho)

Querido(a) padre/madre:
"Te fuiste demasiado pronto, te extraño mucho; gracias por la vida que me diste. Dame tu bendición y mírame con amor, si sigo con vida, mientras me sea permitido".

Deseo de morir cuando uno de los padres ha fallecido

"Aunque me duela mucho tu partida, honro tu destino y lo dejo contigo. Ahora me hago cargo del mío".

Otros duelos

A un hermano gemelo o mellizo

Querido hermano:
"Siempre te he extrañado, me haces mucha falta y sin saberlo te he estado buscando. Ahora que sé dónde estás te doy tu lugar y te llevo con amor en mi corazón".

A un hermano fallecido:

Querido(a) hermano(a):
"Te recuerdo y te llevo en mi corazón. Gracias por haber compartido la vida conmigo y querer ser mi hermano(a). Yo me quedo el tiempo que me sea permitido y luego estaré contigo".

Para un ser querido

Querido(a)...
Respeto tu fallecimiento. Yo te doy un lugar muy especial en mi corazón. Mírame con buenos ojos así yo me quedo en la vida".

A seres queridos fallecidos

"Respeto su vida y su fallecimiento y me inclino ante su destino. La vida siguió, aunque ustedes no pudieron seguir con vida. Ustedes pertenecen a nosotros y nosotros a ustedes, los llevo con amor en mi corazón y ahora los dejo descansar en Paz".

A seres queridos fallecidos (otra versión)

"Me haces mucha falta, te ame mucho. A pesar del dolor que me causo tu partida, siempre te recuerdo. Llego el momento de dejarte ir; te llevo con amor en mi corazón".

Fallecimiento de la pareja

"Gracias por todo lo que me diste, fue mucho. Gracias por nuestros hijos, siempre les hablare de ti, siempre serás su padre/madre. Mírame con buenos ojos cuando otra persona entre en mi corazón para amarla, Ser amado(a) y para acompañarme en la vida. Nadie puede sustituirte; siempre tendrás un buen lugar en mi corazón".

Al hermano mayor cuando falta el padre o la madre

"Gracias por ocuparte de mí, pero no olvides que tú no eres mi padre o madre que sólo eres mi hermano(a)".

Despedida final ante el duelo por el fallecimiento de un ser querido:

Ya no necesito mantenerme en el dolor para que permanezcamos conectados, ya que tenemos el amor.

Respeto y dignifico tu destino y tu experiencia de vida al completo, con todas tus tristezas y todas tus alegrías.

Y también respeto y dignifico el modo y el momento en que te aconteció la muerte ya que fue así como tu alma decidió partir.

A partir de ahora te echaré de menos únicamente desde el cariño y con una inmensa gratitud, sin necesidad de seguir doliéndome por tu ausencia y sin lamentarme por mis fantasías de lo que podría haber sido mejor y no fue.

Hoy me despido de ti , y me quedo en la vida siguiendo mi propio camino hasta el día en que mi muerte por destino nos permita reencontrarnos.

Para dejar de ser yaciente de un fallecido/aborto:

Tú eres mi hermano mayor/tío/abuelo/a, y yo soy tu hermano menor/sobrino/nieto/a.

Yo no puedo vivir por ti ni ocupar tu lugar en la familia porque si lo hago me hago daño, y tú te quedas sin un lugar propio que ocupar.

Me diferencio de ti para poder reconocerte y para que cada uno podamos ocupar nuestro lugar en el sistema.

Te doy un lugar en mi corazón, respetando tu destino y tu fallecimiento tal como te aconteció.

Y te honro a partir de ahora construyéndome mi propia vida y dedicándote mis alegrías y mis éxitos.

EN CASO DE SEPARACIÓN

Cuando los padres se separan.

Querido(a) papá/mamá
"Aunque te vayas, siempre serás mi papá/mamá. Respeto la razón que nos separa y ahora asiento a ella, A pesar de mi dolor".

Un hijo a sus padres separados

"Me quedo con mi madre/padre; este es mi lugar con tu pareja anterior no tengo nada que ver. Si es tu deseo quédate con ella. Por favor mírame como tu hijo. Para mí siempre serás mi padre/madre, y yo te honro".

De un padre separado a su hijo

Querido hijo
"Aunque yo esté separado/a de tu padre/madre, le /la reconozco como tal y como mi primera (o segunda pareja). 42 También le agradezco mucho a él/ella, haberme hecho tu padre/madre. Debes saber que no tienes que elegir entre los dos y que siempre estaremos dispuestos para ti".

A los hijos de otro matrimonio

"Para ustedes su madre/padre es irreemplazable. Ustedes pueden contar conmigo para lo que sea. Yo sólo soy la mujer de su papá o la pareja de su mamá".

A los hijos de otro matrimonio (otra versión)

"Para ustedes su madre/padre es irreemplazable. Ustedes pueden contar conmigo para lo que sea. Yo sólo soy la mujer de su papá o la pareja de su mamá. Estaré ahí siempre para ustedes, cuando me lo pidan".

"Todos pertenecen al sistema familiar."

Bert Hellinger

EN CASO DE UNA RELACION QUE TERMINA

Cuando la relación termina en malos términos

"Asumo la responsabilidad que me corresponde por lo que no estuvo bien entre los dos. Lo siento. Reconozco todo lo que me diste; tu amor fue grande y el mío también, aunque no pudimos seguir adelante".

Culminación de una relación afectiva

"Te quise mucho. Todo lo que te di te lo di con amor. Tú me diste muchísimo y lo honro. Por aquello que entre nosotros estuvo mal, yo asumo mi parte y de dejo con lo que a ti te corresponde".

Culminación de una relación afectiva. (otra versión)

"Te he perdido. Me duele profundamente y lo asumo. Guardo respeto por el amor que nos unió. Ahora te dejo libre; me libero y te libero. Yo te dejo con lo que de esta relación te corresponde Y me quedo sólo con lo que a mí me toca".

VARIOS

Inclusión de un hermano

Querido hermano:
"Yo te veo, te respeto y reconozco que tú también perteneces. Antes no sabía de tu existencia, ahora que lo sé te doy tu lugar entre nosotros".

A los hermanos mayores de otra relación

"Ustedes llegaron primero, y están antes que yo. Ustedes son mis hermanos mayores"

Al hijo con alguna condición

"Sí, eres nuestro hijo y te asumimos. Estamos contigo como tus padres, con todo lo que la vida nos exija".

Para alguien que le hizo daño a otro

"Me doy cuenta del daño que te hice. Yo lo hice, lo siento y asumo las consecuencias de mis actos"

Para seres queridos alejados

"Nosotros estamos aquí y ustedes allá. Nuestra vida siguió y la de ustedes también. Siempre los recordamos y los llevamos en nuestro corazón, aunque no podamos estar cerca".

Cuando necesito tiempo

"Por favor, dame tiempo para asimilar lo sucedido. Tú también eres importante para mí. Sólo que necesito algo más de tiempo porque aún no estoy lista(o) para seguir adelante o para tomar una decisión".

Despedida amorosa

"Tú eres tú, yo soy yo. Tú tienes tu destino, yo tengo el mío. Siempre estaré unido a ti a través del amor, aunque tenga un destino diferente. Sé benevolente si me aparto de tu destino, de tus carencias, de tus culpas y si vivo mi propia vida y si soy como soy. Te respeto y me inclino ante lo que no se puede cambiar ni para ti ni para mí. Tienes un lugar en mi corazón"

Cuando ayudar se convierte en una responsabilidad

"Ahora te veo y reconozco en ti tus capacidades y habilidades, y al darme cuenta de ella, me libero de la responsabilidad que he asumido contigo. Ahora me hago cargo sólo de lo que a mí me corresponde"

Para salir del círculo de ser ayudado

"Veo y reconozco en ti el amor y la generosidad con que me has ayudado. También veo y reconozco ahora que no te corresponde. Gracias. Te libero de la responsabilidad que te he impuesto y ahora me hago cargo de lo que a mí me corresponde".

La adicción

"Te veo a ti y a tu adicción, ahora sé que yo no soy tu verdadero amor y lo respeto, me doy cuenta de que nada puedo hacer por ti. Honro tu destino y me retiro de él".

A una persona con adicción (Otra versión)

"Tú llevas una carga muy pesada y no la puedo llevar, ni cargar por ti. Honro tu vida y honro tu destino, honro lo que te guía y, aunque te aleje de mí, te dejo ir con amor".

Para honrar mi síntoma:

¡Hola síntoma!, eres la señal que necesito para descubrir una emoción que mantengo reprimida, y un desorden en la posición que ocupo ante mis seres queridos o allegados.

En estos momentos te sufro como una limitación de mis capacidades, o como un dolor físico que incomoda mi salud y mi bienestar.

Me resultaría muy sencillo sufrirte victimizándome, desvalorizándome o culpabilizándome ante tu presencia.

En cambio, agradezco la oportunidad que me ofreces de fortalecer mi consciencia a través del aprendizaje que me estás proporcionado.

De mi depende utilizarte como aliado y maestro de vida o convertirte en un problema por el que luchar contra mí misma.

Cuando sientas que ya he liberado del dolor emocional que me querías reflejar, o que por fin ya me encuentro ocupando el lugar que me corresponde ante quien estaba desordenado, podrás retirarte o reducir tu intensidad.

Escojo no utilizarte para aprovecharme de las personas que tengo a mi alrededor, pero sí que me permitiré pedir y recibir ayuda de ellos ya que tal vez sea éste el aprendizaje que debo realizar.

Y yo permitiré que te retires sin apegarme a las posibles ventajas que me hayas generado o le hayas aportado a las personas de mi alrededor.

Para honrar el dolor de las mujeres del clan familiar:

Mamá, abuelas, tías, bisabuelas y a todas las mujeres de mi clan familiar, las honro por muchos motivos.

Honro el dolor que padeciste en tu condición de mujer por la época que te tocó vivir.

Honro a sus niñas interiores heridas a las que muchas veces les faltó amor y cuando les fueron impuestas prohibiciones y obligaciones de forma arbitraria.

Honro el dolor que generaron en sus corazones los hombres que no las supieron respetar y valorar como merecian.

Honro aquello que las frustró como madres y todo lo que les impidió que pudieran disfrutar más de su maternidad.

Honro los límites que las impuso a la sociedad en todo aquello en lo que no les dieron las mismas oportunidades que a los hombres.

Y las honro en las enfermedades y en los accidentes que fueron provocados por todo aquello que tuvieron que callar.

También las honro en sus alegrías, en sus ilusiones y en todos sus instantes de felicidad ya que gracias a ellos pudieron en muchos momentos difíciles mantenerse de pie y seguir adelante.

Lo honro todo porque su dolor sufrido no las convierte en mujeres desgraciadas, sino en mujeres que crecieron y evolucionaron a través de sus experiencias.

A todas ustedes las llevo en mi corazón con mucho respeto y orgullo ya que fueron, son y serán siempre grandes mujeres dignas de admirar.

"Crecimiento significa que tomo algo nuevo y lo interiorizo. Lo otro empieza a ser parte de mí. Así crezco. Así también rezco en una relación, tomando al otro tal cual es. Si lo tomo de esa manera, él se convierte en una parte mía y yo en una parte suya."

Bert Hellinger

Para honrar el dolor de los hombres del clan familiar:

Papá, abuelos, tíos, bisabuelos y a todos los hombres de mi clan familiar, los honro por muchos motivos.

Honro el dolor que padecieron en su condición de hombre por la época en la que les tocó vivir.

Honro a sus niños interiores heridos, especialmente cuando no les permitieron llorar sus tristezas ante el mandato de que los hombres no lloran.

Honro su frustración ante las veces que creyeron que valian únicamente por su trabajo, o por su capacidad de generar dinero.

Honro su miedo a parecer débiles y vulnerables, y todo el esfuerzo que deben hacer para aparentar lo contrario.

Honro su conflicto interior entre conectar con su corazón o mostrarse como se suponía que tenían que mostrarse los hombres.

Y honro el dolor que generó en su salud y en su cuerpo la falta de libertad a la hora de expresar sus sentimientos.

También los honro en sus alegrías, en sus ilusiones y en todos sus instantes de felicidad ya que gracias a ellos pudieron en muchos momentos difíciles manteneros de pie y seguir adelante.

Lo honro todo porque su dolor sufrido no los convierte en hombres desgraciados, sino en hombres que crecieron y evolucionaron a través de sus experiencias.

A todos ustedes los llevo en mi corazón con mucho respeto y orgullo ya que fueron, son y serán siempre grandes hombres dignos de amor.

"Quien tiene reservas contra su madre, las tiene también contra la vida y contra la felicidad.
Tal como su madre se aparta de él a consecuencia de sus reservas y su rechazo, así se retiran de él la vida y el éxito"

Bert Hellinger

Para honrar el dinero:

Hola dinero, te honro porque representas para mí la energía nutricia que requiero para desarrollarme personalmente y socialmente.

Honro las fuentes a través de las que te obtengo, tanto si son a través de mi propio desempeño o como solidaridad a través del esfuerzo realizado por otras personas a las que les importo.

Te honro porque como energía pura tienes el potencial de generar mucho bien, a pesar de que muchas veces no te sepamos utilizar de una forma sana y consciente.

Te honro porque facilitas nuestros intercambios, como herramienta permites que nuestra vida sea mucho más sencilla aunque muchas veces no sea así, cuando te contaminamos con nuestros apegos y aversiones.

Te honro cuando estimulas mi creatividad ante mi motivación de generarte y obtenerte desarrollando nuevos proyectos.

Te agradezco todo lo que puedo aprender contigo de mi mismo, ya que muchas veces actúas como señal ante aquello que tengo que resolver de mi pasado o soltar respecto al pasado familiar.

De mi depende no utilizarte como excusa para justificar mi sufrimiento, atraparme en el autocompadecimiento o limitar mi empoderamiento.

Gracias por todo lo que me muestras y por desafiarme cuando caigo en el conformismo.

Me predispongo a utilizarte con sabiduría, consciencia y amor y a generarte siempre de un modo sano para mí y para los demás.

"Cuando nos invade una sensación de vacío, muchas de las veces resulta beneficioso imaginarse cómo las propias raíces se extienden aún más hacia abajo, hasta que alcancen las aguas que corren, allí ocultas, y nos comunican la plenitud del Todo."

Bert Hellinger

Para reconciliarme con mi niña interior:

Eres la niña pequeña que fui en el pasado y que sigues presente en el interior de mi corazón.

Representas mi vulnerabilidad y mi deseo de amor, tanto para darme cuenta de que siento que amo como para permitirme recibir amor.

Muchas veces te he juzgado cuando tu demanda de amor me resultaba insaciable, o cuando me sentía obligada a buscar el amor en personas que no querían o podían ofrecérmelo.

Y también muchas veces te he juzgado cuando me congelaba o me sentía forzada a rechazar el amor que me daban por no sentir que se ajustaba a mi ideal de amor.

No me daba cuenta de que a quien realmente reclamabas ese amor era a mí, a la mujer adulta que soy, y por este motivo te he ignorado muchas veces al asustarme ante tus emociones.

Tú no me conviertes en frágil ni en débil, ni tampoco representas un monstruo con el que tengo que luchar cuando siento que mis afectos me desbordan.

Me alegro mucho de sentirme preparada para reconocerte, estoy aprendiendo a escucharte y sé que juntas lograremos sanar todas nuestras heridas pasadas, presentes y futuras.

Te prometo que haré todo lo que esté en mis manos para aprender a consolarte y acompañarte en los momentos difíciles, y también me permitiré nutrir y disfrutar de tu alegría, tu vitalidad y tu espontaneidad.

Permaneciendo conectadas y unidas nunca más volveremos a sentir que nos falta amor porque siempre nos tendremos la una a la otra.

"Los humanos dependemos, en todos los sentidos, de la ayuda de otros. Únicamente así podemos desarrollarnos. Al mismo tiempo, también dependemos de ayudar a otros. Quien no es necesario, quien no puede ayudar a otros, acaba solo y atrofiado. La ayuda, por tanto, no sólo sirve a los demás, también nos sirve a nosotros mismos."

Bert Hellinger

Para honrar la emoción de la tristeza:

¡Hola tristeza!, tú eres la emoción que me permite reconocer mis pérdidas y mis frustraciones.

Ante las pérdidas me ayudas a elaborar mis duelos, tomar consciencia de lo que ha cambiado en mi vida, darle valor a mis recuerdos y abrirme a lo nuevo que me ofrezca la vida.

Ante mis frustraciones me acompañas en el proceso de soltar mis expectativas, aceptar mis límites como el ser humano que soy y reelaborar mis metas y objetivos de forma más ajustada a mi realidad.

Gracias a ti y a que te he experimentado en muchas ocasiones me resulta más sencillo empatizar y reconocer el dolor en quienes me rodean.

Gracias a ti aprendo a sentir a mi corazón no solamente a través de las emociones dulces y agradables, ya que si así fuera me mantendría atrapado en un estado de permanente ingenuidad.

Sin ti me quedaría estancado en el enfado y en la ira ante la tentación de perpetuarme de protesta por todo aquello que no sucedió a mi gusto.

Sin ti no podría vaciarme de pasado o de lo que ya no es para mí, por lo que no podría llenarme de presente y de lo que sí me corresponde vivir en el ahora.

Pero a veces te utilizo de forma negativa cuando me aprovecho de tu presencia para victimizarme, estancarme en mi autocompadecimiento o darme valor e importancia a través del sufrimiento.

Escojo vivirte de otro modo, escojo permitirme el consuelo pero sin convertir éste en un modo recurrente de demandar amor a los demás.

Escojo llorarte también en soledad pero sin transformarte en depresión y en apatía por muy atractivo que me resulte a veces fusionarme con la amargura.

Te acepto como compañera de vida, te reconozco como una gran aliada y no como enemiga, y te considero una buena amiga, esa amiga que de vez en cuando me visita recordándome que todo cambia y que nada dura para siempre.

"En la depresión se puede ver que uno de los padres, o ambos, son rechazados o que el acceso a uno de los dos es imposible, por las razones que sean."

Bert Hellinger

Para mejorar nuestra relación con la comida:

Hola comida!! tu representas la energía que necesito para que mi cuerpo pueda funcionar en este plano terrenal.

Cuando abuso de ti es porque pretendo utilizarte para llenar mi vacío de amor.

Y cuando te rechazo es porque rechazo el amor que recibo al no ajustarse a mi expectativa.

Tu representas mi hambre de amor de mamá cuando te utilizo como sustituto ante mi carencia de dulzura.

Tu representas mi hambre de amor de papá cuando siento el impulso de consumir harinas en exceso.

Y representas mi preocupación por el estado de ánimo de mis seres queridos, especialmente cuando uno de ellos se encuentra deprimido y no lo quiere reconocer.

Me predispongo a que únicamente simbolices la forma en que yo me amo y cuido de mí mismo.

Y me predispongo a disociarte del tipo de amor que anhelo recibir de los demás ya que cada persona expresa su amor como sabe y puede.

Con ello lograré dejar de utilizarte como consuelo por no sentirme amado o valorado como me gustaría.

Y con ello lograré también darte el lugar que mereces en mi vida, un lugar de respeto y de agradecimiento por nutrirme de la energía que requiero para vivir mi propia vida

"Todo grupo dispone de una jerarquía que resulta del momento en que cada uno inicia su pertenencia al grupo. Es decir, quien entró en un grupo antes tiene prioridad sobre aquel que vino después."

Bert Hellinger

Para descubrir la causa de mi insomnio:

¡Hola insomnio! tu me mantienes despierta por las noches para vigilar el ataque de un enemigo simbólico.

Este enemigo representa una experiencia que ya me sucedió en el pasado o que sucedió en el pasado familiar.

Y mi necesidad de vigilar representa un intento de protegerme a mí, o a mis seres queridos, o a mi familia al completo.

Pero es tanto el dolor que aquello ocasionó que también me genera un gran temor reconocerlo, por lo que es mi inconsciente quien me obliga a vigilar aquello que yo con tanto esfuerzo evito reconocer.

En las guerras siempre es necesario por las noches que ciertos soldados hagan guardia para evitar un ataque por sorpresa.

Tanto si soy consciente de ello como si no lo soy, me mantengo en guardia y velando para evitar que se vuelva a repetir aquella tragedia que tanto lastimó.

¿Desde cuándo tengo insomnio?, ¿en qué franja horaria es más pronunciado?, ¿en qué época del año?, ¿me sucede siempre o especialmente cuando duermo en una casa determinada o con alguien en concreto?

Las respuestas a estas preguntas son clave para descubrir lo que me oculto a mí misma, así que en vez de pelearme contigo, mi querido insomnio, voy a descubrir que es aquello que me quieres mostrar.

Y cuando lo descubra lo sanaré emocionalmente, expresaré las emociones que todavía no he liberado, resignificaré aquella tragedia del pasado para obtener un aprendizaje, o soltaré esa lealtad si aquello que sucedió no forma parte realmente de mi historia personal.

"l corazón de aquel que ha comprendido que lo presente está en resonancia con lo pasado, tanto en lo bueno como en lo malo, late en sintonía con el mundo."

Bert Hellinger

Para descubrir y desarrollar mi vocación profesional

¡Hola vocación! representas mi deseo de sentirme realizada profesionalmente utilizando mis dones y sirviendo desde mi corazón a las personas que me rodean.

Para descubrirte necesito descubrir primero que es eso que me encanta hacer, y después como puedo generar prosperidad con ello.

Mi temor al fracaso y mi lealtad por aquellos familiares que no tuvieron la oportunidad de desarrollar su vocación o no lograron cumplir su sueño, debo superarlas para poder encontrarte.

Mi mente muchas veces me dice que no es posible para mí disfrutarte o que es tan complicado y se requiere tanto sacrificio que no vale la pena el esfuerzo.

Y mi corazón se siente tan superado por tantos miedos y por tantos pensamientos limitantes que no logra motivarse.

Pero mi intuición me dice que existes, que de algún modo ya te conozco por lo que sólo tengo que reconocerte, y que únicamente es cuestión de tiempo que pueda encontrar mi manera de convertirte en realidad.

La fuerza que necesito para atreverme contigo es la fuerza que me viene arquetípicamente de mi padre, porque el padre representa el enlace entre el hogar y la tribu o eso que hoy en día llamamos "sociedad".

Tomo a mi padre tal como fue y es para mí, con sus virtudes y sus defectos, y con lo que me hizo feliz e infeliz en mi relación con él.

Respeto el dolor de mamá por todo lo que pudo sufrir con papá en su relación de pareja, porque ese dolor forma parte de su destino y no me corresponde opinar sobre ello ni hacérmelo mío.

Y respeto también la tristeza que generó en mis antepasados no poder encontrar o desarrollar su vocación, porque así podré dedicarles todos mis éxitos y alegrías cuando yo encuentre y desarrolle la mía.

¡Hola vocación!, me propongo que mi deseo supere mis temores haciendo un buen uso de mi inteligencia y de mi intuición para mantenerme optimista y realista en mi proceso de descubrirte y desarrollarte.

Para afrontar mis preocupaciones:

¡Hola preocupación! eres el sentimiento que se activa en mí cuando experimento miedo por el futuro, o bien porque estoy temiendo la pérdida de alguien o algo que es muy valioso para mí, o bien porque temo no lograr una meta que es muy importante para mí.

Representas mis temores ante el dolor que supone padecer pérdidas y frustraciones, por lo que tu función es alertarme y motivarme para que sea prudente, precavido y que haga lo necesario para evitar que suceda aquello temo.

Pero muchas veces realizas tu función con excesivo énfasis, por lo que te transformas en un ruido constante en mi cabeza y una agitación persistente en mi cuerpo que no me permiten sentirme en paz con mi existencia.

Cuando te sufro en exceso ya no soy prudente sino que me vuelvo obsesivo y hasta paranoico, me comporto de forma reactiva, me agoto interiormente, exijo garantías que son imposibles y me desespero por todo ello.

Lo que me dolió en el pasado generó también en mí un temor a que vuelva a suceder, pero a la vez un deseo inconsciente de que se repita precisamente para comprobar si esta vez ya lo he aprendido a solucionar de una manera más efectiva, o para comprobar que he aprendido a sostenerlo mejor emocionalmente.

Por este motivo, como deseo que suceda aquello que temo, me tengo que preocupar todavía más para intentar evitar que suceda, y esto provoca un bucle del que cada vez cuesta más salir.

Y sobre mi miedo de que les pase algo malo a mis seres queridos, tal vez se ha convertido en la forma que tengo de demostrarme a mí mismo y a ellos cuando los quiero, sé que los quiero porque me preocupan.

¡Hola preocupación! es absurdo que luche contra ti porque cuanto más luche, más deseará mi inconsciente que suceda aquello que me preocupa, y el inconsciente siempre manda.

A partir de ahora te utilizaré de otra manera diferente, te utilizaré para descubrir que tengo que sanar de mi pasado personal o del pasado familiar por lealtad ante lo que sufrieron mis antepasados, ya que las causas siempre se encuentran en el pasado y no en el futuro.

Y también te utilizaré para descubrir otras formas de darme cuenta de cuánto amo a los míos que no sea a través de la preocupación, por ejemplo siendo más cariñoso y tierno con ellos.

Para agradecer la función sana de las emociones

Gracias alegría porque provocas en mí el deseo de acercarme a otras personas para compartir y celebrar mis éxitos y sus éxitos, permitiendo que nuestros vínculos se nutran de satisfacciones.

Gracias tristeza porque ante una pérdida me permites reconocer el valor que tenía para mí lo perdido integrándolo en mi corazón, aceptar lo que ha cambiado y seguir adelante con mi vida abriéndome a lo nuevo.

Gracias enfado porque me otorgas la fuerza que necesito para decir "no" ante lo que no quiero hacer o que me hagan, poner límites al otro cuando no tiene presente mis necesidades, y darme a conocer sin abusar de las máscaras complacientes.

Gracias miedo por motivar mi prudencia y precaución, por avisarme de aquello que puede poner en riesgo mi salud física y emocional, y por ayudarme a tener presente las posibles consecuencias de mis actos y los actos de los demás.

Gracias ternura porque ablandas mi corazón, me permites ser tolerante con mis seres queridos cuando no cumplen mis expectativas, transformas mis resentimientos en compasión, me generas deseo de vínculo y de relación y me recuerdas cual es el verdadero valor de la vida que es amar y compartir.

Gracias vergüenza porque me ayudas a no excederme en mis extravagancias, a que busque maneras sanas y constructivas de atraer la atención de los demás y a lograr que las personas se sientan cómodas y tranquilas a mi lado.

Gracias culpa porque me facilitas arrepentirme de mis decisiones y reacciones desacertadas, darme cuenta de mis errores y de cómo lo podría haber hecho mejor, y aprender de ello para actuar de forma diferente la próxima vez que me encuentre en esa misma situación.

Gracias ilusión porque me permites motivarme ante lo bueno que puedo conseguir o que me puede suceder, disfrutar del camino que voy a recorrer para cumplir mis metas y mantenerme persistente ante los obstáculos que me surjan en dicho camino.

Gracias pereza porque me ayudas a darme cuenta de lo que no me apetece hacer, de cuando tengo que parar si llevo demasiado tiempo sobreesforzándome, y de cuando lo que me piden los demás supone complacerlos desatendiéndome a mí mismo.

Muchas gracias a éstas y a otras muchas emociones porque con ellas mi vida es en color y no en blanco y negro, consigo conocerme mejor a mi mismo cada día, y con ustedes me doy cuenta de cómo me afecta lo que me sucede para responder de forma adaptativa y proporcionada.

De mí depende aprender a sentir y a expresar mis emociones del modo más sano, equilibrado y consciente posible sin negarlas, sin reprimirlas, sin exagerarlas y sin manipularlas o disfrazarlas.

DESORDENES SISTÉMICOS

Para colocarme en el lugar que me corresponde respecto a mi hermano/a:

Tu eres mi hermano/a mayor, y yo soy tu hermano/a pequeño/a

Tu eres mi hermano/a pequeño, y yo soy tu hermano/a mayor.

Yo no puedo darte más porque perdemos ambos nuestro lugar.

Yo no puedo recibir tanto de ti porque perdemos ambos nuestro lugar.

Y para que así sea te pondré límites desde el amor, para que nuestra relación nos resulte sana y no un impedimento a la hora de vivir nuestra propia vida.

Te quiero hermano/a, y me alegro de que ambos pertenezcamos a la misma familia.

Para dejar de colocarme como padre o madre de cuaquier otro familiar mayor que yo:

Papá, mamá, tu eres el mayor, y yo soy el pequeño a tu lado.

No puedo seguir haciéndote de padre o madre porque con ello me hago daño.

A partir de ahora si reclamas que te dé lo que no me corresponde darte por la posición que ocupo ante ti, te podré límites desde el amor.

La fuerza que necesitas yo no te la puedo dar, sólo te la pueden dar tus padres genuinos, y por ser los genuinos son los mejores para ti.

VÍCTIMAS Y VICTIMARIOS

Para dejar de sentirse víctima de un perpetrador:

Tomo el dolor que sufrí por tu causa como destino, contigo viví una experiencia que me correspondió vivir para aprender de ella.

Lo que me hiciste fue generado por tu inconsciencia, no por tu maldad porque la maldad no existe.

Te libero de que sigas ocupando para mí la posición de perpetrador, y me libero a mismo/a de la posición de tu víctima.

Ya no me debes nada por mi dolor, y ya no te reclamo nada por lo que pasó.

Deseo que logres encontrar tu paz interior.

El Instituto de Desarrollo Integral Creciendo en Grande es un centro destinado a apoyar el crecimiento personal y personal de quienes deciden formarse o tomar sesiones con sus expertos. Se encuentra basado en Costa Rica, pero desarrolla formaciones en países como México, Panamá y Estados Unidos, entre otros, en forma virtual y presencial, muchas de ellas avaladas por instituciones internacionales de gran renombre.

Ofrece certificaciones, talleres y cursos sobre técnicas y metodologías desarrolladas por grandes maestros de la talla de Louise Hay, Wayne Dyer, Esther y Jerry Hicks, Bert Hellinger, Deepak Chopra, Gary Chapman, Richard Bandler.

Algunas de sus formaciones y certificaciones son:

- Certificación Internacional Coaching con énfasis en Programación Neurolingüística
- Coaching Sistémico
- Diplomado en Constelaciones Familiares
- Seminario Ser y Crecer
- Seminario Experiencia
- Seminario PNL Salud

Adicionalmente, este centro brinda sesiones individuales, familiares y grupales en Constelaciones Familiares, tanto en forma presencial como virtual, así como sesiones de coaching individual y corporativo, a cargo de grandes profesionales en la materia.

Más información de IDI Creciendo en Grande y su portafolio de formaciones puede encontrarse en:

IDI Creciendo en Grande

CreciendoenGrandecr

Made in the USA
Columbia, SC
23 June 2025

59731362R00043